法治文化
经典传承
丛书

孩子爱读的法律故事

从上古到明清

甘棠◎著
孙燕子◎绘

3 三国·两晋·南北朝

法律出版社 LAW PRESS · CHINA
北京

目录

壹

壹

割发代首

曹

趣读故事

小朋友，你读过中国四大名著之一的《三国演义》吗？曹操是《三国演义》的主人公之一，汉献帝时被封为魏王，曾“挟(xié)天子以令诸侯”，就是控制了皇帝，并以皇帝的名义来命令各方诸侯。曹操才华出众，且政治、军事能力都非常杰出，他统一北方，为后来的曹魏政权打下基础。曹操的魏国与刘备的蜀汉、孙权的东吴三足鼎立，这就是《三国演义》里的“三国”。今天要讲的就是关于曹操的故事。

汉朝最后一个皇帝汉献帝在位的时候，汉朝的江山已经是风雨飘摇，一些武装力量乘乱而起，占城为王。时任丞相的曹操东征西讨，想要收服这些拥兵自重、不服从统治的武装力量。

有一次，曹操亲自带兵，攻打雄踞在宛城（今河南省南阳市一带）的张绣。

当时正值秋收时节，麦子成熟了，田野里一片金黄，沉甸甸的麦穗把麦秆压弯了腰。

可奇怪的是，本该一派农忙丰收景象的麦田竟空荡荡的，一个人都没有。曹操便询问身边的人，部下打探了一番回报说："丞相，此地农民见到有大军经过，惶恐不安，都躲起来了，不敢收割麦子。"

曹操很惊讶，说道："民以食为天，错过了收获的时节，明年岂不是都要忍饥挨饿？"曹操马上命人到附近的村子通知老百姓：

我奉天子的命令，出兵讨伐逆贼，是为民除害。在麦子成熟的季节出兵，实在是没有办法。现在发布命令：从将军到士兵，凡是经过麦田的，如果踩坏了麦子，都要斩首。军法严明，请大家放心回来收割麦子。

老百姓听说了这道命令，都高兴极了，纷纷回到麦田，抢收庄稼。士兵们经过麦田的时候，都下马步行，小心翼翼地用手扶着麦子，一个接一个地慢慢通过。

曹操骑着马缓缓地走在田间小道上。突然，麦田里飞起来一只斑鸠(jiū)，扑腾着翅膀直扑向曹操的坐骑。

这匹马被晃了眼，急着闪避，长嘶一声，抬起蹄子就往旁边麦田里踩去。曹操忙拉紧缰绳，将马拽了回来。但为时已晚，麦子被踩倒一片。

这下糟糕了。士兵和百姓们鸦雀无声，无数双眼睛盯着曹操，想看看接下来会发生什么。

曹操喊来行军主簿(bù)（军队里的文官，负责掌管军队中的各类文书和规章制度），让他治自己践踏麦田的罪。

主簿吓了一跳，说道："丞相怎么能被定罪呢？"

曹操说："我刚刚制定的法律，自己就违反了，如果不接受惩罚，怎么能服众呢？"

主簿不敢说话。曹操于是抽出自己的佩剑准备自刎(wěn)谢罪，身边的人赶紧拦住他，把剑抢了下来。

事情到了这一步，真是很难收场。好在，曹操身边有聪明人。

一位名叫郭嘉的谋士站了出来，说:“古书《春秋》有云，‘法不加于尊’。法律不是用来约束尊贵的人的，丞相要统率大军，责任重大，怎么能自杀呢?”

自杀当然是不能的，既然郭嘉给了台阶，那就赶紧下吧。

于是曹操说:“既然《春秋》上都这么说了，那就姑且免去我的死罪吧。”

话说到这里，旁观的人不由得有些失望，这也太轻易放过自己了吧!

但是曹操不愧是一代豪杰，他马上做了另一件事。

只见曹操拿回自己的宝剑，一把将自己的头发割了下来扔到地上，说：“我就割掉自己的头发来代替首级。”

然后，他又让士兵举着头发给围观的人展示了一圈，告诉大家：“丞相踩到了麦子，本来应当斩首。但因为肩负重任不能受刑，于是割下头发来代替。”

士兵和围观的百姓都觉得曹操言出必行，纷纷表示赞叹。

这件事情对于我们现代人来说，可能不太能够理解，剪个头发而已，怎么能代替死刑呢？

这和古人的观念有关系。我们都知道，古人是留长发的。无论男女，都梳着各式各样的发髻(jì)或辫子。

他们认为人的身体，包括头发，都是父母给的，不能轻易伤害，这是很重要的孝道。

《孝经》开篇这样写道："身体发肤，受之父母，不敢毁伤，孝之始也。"

不仅如此，古代还有一种刑罚叫"髡(kūn)"，就是把犯人的头发剃掉。

由此可见，对于古人来说，被迫剪掉头发，是很大的羞辱。曹操这样做，也算是很有诚意的了。

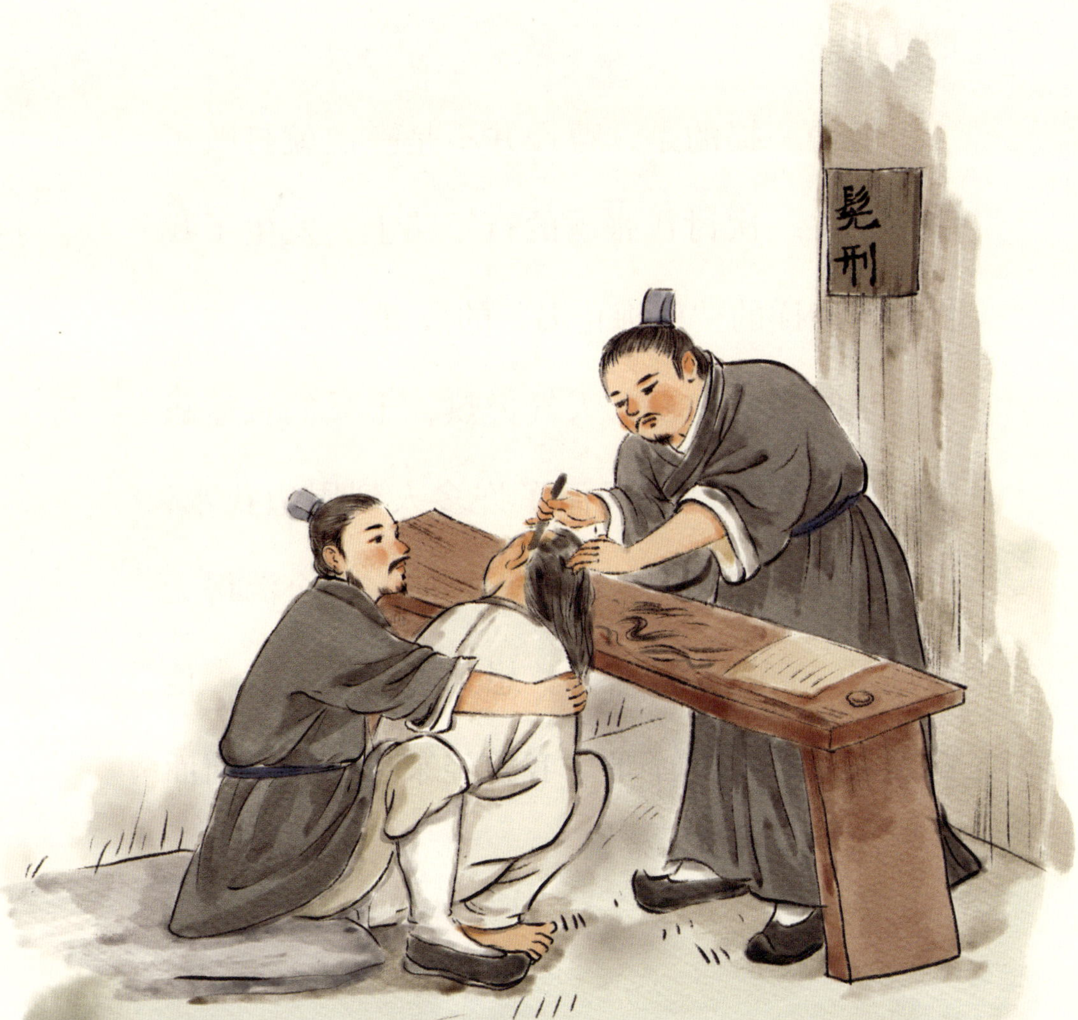

曹操军纪严明，爱护庄稼，对百姓秋毫无犯，赢得了民心。正是因为这样，他最终打败了张绣、袁绍等势力强大的诸侯，奠定了魏国的基业。

值得一提的是，曹操并不是一次就打败了张绣。在一次讨伐张绣的行军路上，发生了我们耳熟能详的“望梅止渴”的故事。

当时正是初夏，天气炎热，士兵们长途跋(bá)涉，口渴难耐，曹操派了许多人到周边找水，可远水解不了近渴。眼见士兵们一个个渴得无精打采，曹操灵机一动，想到了一个主意。他对大家喊道：“这个地方我曾经来过，就在前面不远处有一片茂盛的杨梅林，只要坚持走到那里，每个人都可以将杨梅吃个够。”

士兵们一听，自然而然地联想到梅子的酸味，嘴里也不自觉地流出口水，顿时就不那么渴了，都打起精神继续行军。

杨梅林自然是没有的。没过多久，曹操派出的人找到了水源，大家都喝饱了水，这个困难就迎刃（rèn）而解了。

思考一下

小朋友，曹操以“割发代首”和“望梅止渴”的方法，机智地解决了眼前的难题，如果是你遇到这样的情况，能不能想到别的办法呢？

学点古文

身体发肤，受之父母，不敢毁伤，孝之始也。

——《孝经·开宗明义》

古文今译

身体包括头发和皮肤，都来自父母，不能毁坏伤害，这是最基本的孝道。

法制课堂

法律面前人人平等

曹魏制定的《新律》首次将“八议”写入律典，“八议”是指对八类具有特殊身份的人，包括皇亲国戚、高级别官员、对国家有大功劳的人等，在犯罪后享有在刑罚适用上的特权，可以减轻刑罚，或者直接赦免。

这是当时贵族特权在法律上的体现，也显示出古代社会并没有实现“法律面前人人平等”。

曹操在当时“法不加于尊”的观念下，能够以割发这样的“耻辱刑”代替死刑，对自己的行为施以惩罚，在当时的历史背景下，已属难能可贵。

现在，“公民在法律面前一律平等”，被写入《中华人民共和国宪法》。

所有公民都平等地享有宪法和法律规定的权利；所有公民都平等地履行宪法和法律规定的义务；国家司法机关和行政机关在适用法律时，对所有公民的合法权益都平等地予以保护，对所有公民违法和犯罪的行为，都平等地追究法律责任；任何组织或者个人都不得享有超越宪法和法律的特权。

成语积累

风雨飘摇 原指树上的鸟窝被风雨吹打得动摇不定。现比喻局势动荡不安，很不稳定。

东征西讨 四处出征讨伐。

鸦雀无声 连乌鸦、麻雀的鸣叫都没有了。形容非常寂静。

秋毫无犯 秋毫：鸟兽在秋天新长的细毛，比喻非常纤细的东西；犯：侵犯。丝毫不加侵犯。形容军队纪律严明，对人民的利益一点也不侵犯。

耳熟能详 耳熟：听熟了。听得多了，也就能详尽地说出来。

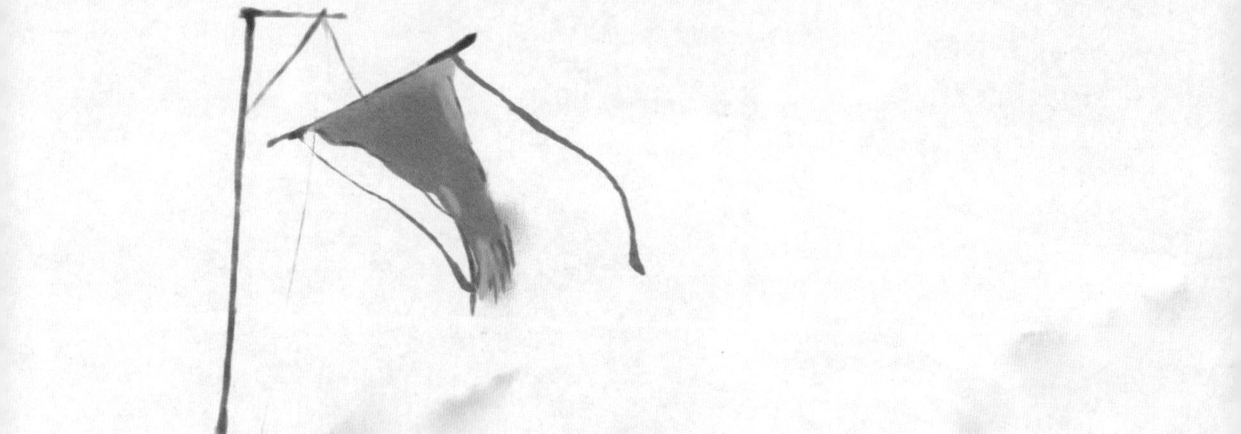

贰

贰

军令如山

趣读故事

今天这个故事也和《三国演义》有关。小朋友们一定都听说过，三国时期有一个非常聪明的人叫诸葛亮，大家称他为“卧龙先生”。

诸葛亮上知天文、下知地理，还非常善于带兵打仗。刘备三顾茅庐请他出山。

诸葛亮也不负所托，在他的辅佐之下，刘备顺利地占据了蜀地（今四川一带），建立了蜀国。

蜀国建立之后，诸葛亮担任丞相。刘备临死前，将太子刘禅（shàn）和蜀国一并托付给诸葛亮。

诸葛亮兢（jīng）兢业业地辅佐刘禅，将蜀国治理得井井有条。为了实现兴复汉室、统一中原的目标，他联合东吴，一共发起了五次北伐魏国的战争。

在第一次北伐时，诸葛亮作了一番周密的安排，命令大将赵云、邓芝率领小部分军队，占据箕（jī）谷（今陕西省汉中市附近），迷惑敌人。自己则率领 10 万大军，突袭祁山（今甘肃省陇南市），又安排参军马谡（sù）为前锋，镇守街亭。

街亭是一个小城镇，位置却至关重要。守住了街亭，既可以保证蜀军攻防兼备，又可以阻挡魏国的援军。

但诸葛亮这个决定却受到一些将领的质疑，为什么会这样呢？这要从马谡这个人说起。

马谡在很小的时候就有才名，长大以后和哥哥一起，跟随刘备东征西讨。他的口才很好，时常高谈阔论，谈起军事谋略滔滔不绝。

刘备不怎么喜欢他，曾经说他言语浮夸，超过实际才能，不是能做大事的人。

诸葛亮和马谡的哥哥是好朋友，和马谡也

街亭
魏
陈仓
都
蜀
汉中

很谈得来，经常在一起讨论军国大计。

马谡也向诸葛亮证明了自己的确不是泛泛之辈。

诸葛亮在征讨蜀国南部少数民族的时候，有一个很厉害的少数民族首领叫孟获，这个人英勇善战，在族人之中声望很高。诸葛亮不光想要打败他，更想要打服他，让他带着族人彻底归顺蜀国。

马谡对诸葛亮说："对敌作战，以攻心为上，攻城为下。"就是说打仗不能光攻城略地，而是要打心理战，真正让敌人心服口服。

诸葛亮的想法与马谡不谋而合，便针对孟

获骄傲倔强的性格特点巧用智谋，多次抓到孟获，但每次都将他释放。

孟获第七次被抓的时候，彻底服气了，率领族人归顺蜀国。

这就是著名的“七擒七放孟获”的故事。

有了这一次的经历，诸葛亮更加信任马谡，所以才敢让他镇守街亭。

但将领们对马谡能力的怀疑也不能置之不理，正在诸葛亮犹豫之时，马谡站出来拍着胸脯说：“区区街亭，我一定能守住，如果丢了，愿凭军法处置！”

诸葛亮说：“军中无戏言，你能说到做到吗？”马谡说：“我愿意立下军令状。”

军令状是指接受军令后写的保证书，表示如果不能完成任务，愿依军法受罚。

马谡当众立下了军令状，众将领也不再反对。

诸葛亮的性格极为谨慎，即使很相信马谡，还是任命大将王平为马谡的副将，并反复叮嘱马谡："街亭非常重要，一定要坚守，一旦这里没有守住，我们一定会失败。"

他特别提醒马谡："要在靠山近水的地方安营扎寨，小心防范敌人。"

马谡领命出兵，很快到达街亭。但他没有听从诸葛亮的叮嘱将军队安置在河边，而是把军队部署在了远离水源的南山上。

蜀

王平劝阻说："南山一没有水源，二没有运粮的小路，如果魏国的军队将我们团团围住，断了水又绝了粮，我们就要不战而败了。还请将军听从丞相的安排，在依山傍水的地方驻扎军队。"

马谡洋洋得意地说："你懂什么？我熟知兵法，丞相还常常来请教我呢！这里居高临下，正适合驻军。敌军来了，我们万箭齐发，敌军就会马上溃败。即便被围困，兵法上说，置之死地而后生，士兵们没有后路，便会拼死一战，我们照样胜券在握。"

王平又急又气，说道："我身为副将，要对主将负责，对丞相负责，对主公负责，对蜀国百姓负责。恳请将军遵从丞相命令，依山傍水布兵。”

“丞相让我做主将，部队指挥我负全责，如果兵败，我愿意依从军法被斩首，跟你没有关系！”马谡觉得作为主将的权威被挑战，怒气冲冲地对着王平说道。

王平无可奈何，只得听从马谡的命令，驻军在山上。

魏国听说马谡驻守街亭，派出名将张郃(hé)迎战。张郃来到街亭，发现马谡竟然驻军在山上，高兴极了。果然像王平猜测的那样，张郃马上让人切断了水源和粮道，将蜀国军队围困在山上，然后放了一把大火烧山。

魏
魏

蜀军被困在熊熊大火之中，没有水喝，也没有粮食吃，军心涣(huàn)散，军队内部就乱起来了。这时，张郃命令部队进攻，蜀军大败。

失去了街亭，诸葛亮北伐的计划遭遇重大挫折，不得不放弃了这次北伐，退回到蜀国。

回到蜀国，诸葛亮又怒又愧，将马谡关进了监狱，依照军法判处他死刑。

马谡在监狱中给诸葛亮写了一封信，信中说道：“丞相待我像对亲儿子一样好，我尊敬丞相也像尊敬自己的父亲一样。这一次我违反军令导致兵败，丞相对我的处罚是我罪有应得，只恳求丞相看在往日情分上，照顾我的家人，这样我就安心了。”

诸葛亮读了信，不禁流下眼泪。杀掉马谡实在于心不忍，但不杀他，又违反军令。因为马谡的错误，蜀军在这次战役中损失惨重，不仅失去了战略要地，还使军队士气受到很大打击。

权衡之下，诸葛亮下达了执行死刑的命令。同时他遵从马谡的嘱托，收养了马谡的儿子。

军法处置马谡之后，诸葛亮表彰了正直敢言的王平，做到赏罚分明。

同时，他写了一封信给蜀国当时的皇帝刘禅，说此次兵败完全是因为自己用人不当，自请贬(biǎn)官三级，作为处罚。

大家都认为丞相公正无私、执法严明，蜀国上下更加团结一心。

思考一下

小朋友，请你想一想，如果诸葛亮出于私情，放过了马谡，会有什么不好的影响吗？

学点古文

先主临薨(hōng)谓亮曰:“马谡言过其实，不可大用，君其察之!”亮犹谓不然，以谡为参军，每引见谈论，自昼达夜。

——《三国志·蜀书》

古文今译

刘备临死前对诸葛亮说:“马谡言语浮夸，超出实际能力，不是做大事的人，您一定要仔细考察他。”诸葛亮说不是这样的，还任命马谡为参军，每次见面都探讨军国大计，从白天一直到晚上。

法制课堂

什么是军法?

军法，是指军队中的刑法。

《周礼》中记载：“若有兵甲之事，则授之车甲，合其卒伍，置其有司，以军法治之。”意思是在打仗的时候，就发给他们战车和盔甲，编成队伍，设置各级军官，按照军法进行管理。

军法严明，令行禁止，是军队保持战斗力，所向披靡(mǐ)的关键。古代军事理论家吴起曾说：“若法令不明，赏罚不信，金之不止，鼓之不进，虽有百万，何益于用？”意思是如果法令不严明，赏罚不讲信用，鸣金时士卒不停止，击鼓时士卒不冲锋，即使有百万士兵，又有什么用呢？

现在，我国坚持依法治军，制定了一系列军事法规制度，中国特色军事法治体系日臻(zhēn)完备，同时设置了各级军事法院，与军事检察院、军队保卫部门共同构成军事司法体系，为推进强军事业提供坚强法治保障。

成语积累

军令如山　军事命令像山一样地不可动摇，必须坚决迅速贯彻执行。

居高临下　居：站在，处于；临：面对。占据高处，俯向低处。形容处于有利的地势、地位。

胜券在握　胜券：胜利的把握。指对胜利、成功很有把握。

赏罚分明　该奖赏的奖赏，该惩罚的惩罚。形容奖惩分明，毫不含糊。

无可奈何　奈何：怎么，怎么办。没有办法。

叁

叁

蜜中鼠屎

趣读故事

看过《三国演义》的小朋友一定都知道东吴的开国皇帝孙权。孙权身材魁梧、相貌堂堂，是一位性情豪迈、拥有雄才大略的君王，连对手曹操都很欣赏他。

一次，曹操率四十万大军攻打东吴，孙权只有七万士兵，双方僵持了一个多月。

其间，孙权亲自乘坐小船接近曹操军营进行观察，曹操见孙权胆识过人、来去自如，身后的吴国军队仪容整肃、士气振奋，不由得感叹道：“生子当如孙仲谋！”仲谋是孙权的字，这句话的意思是说生儿子就要生像孙权这样的！

孙权将东吴治理得不错，晚年却在选择继承人的问题上优柔寡断、犹豫不决，导致宫廷内斗，朝局动荡。

孙权最终选择了他最小的儿子——年仅十岁的孙亮继位。

孙亮虽然年幼，却十分聪明。

有一天，孙亮在皇宫的花园里溜达，见到

花园里的杨梅树上果实累(léi)累，顿时就勾起了肚里的馋虫，他最喜欢吃的就是母亲给他做的蜜渍(zì)梅子。

但他不知道，从树上的杨梅到他吃的蜜渍梅子，是要经过一番复杂的工艺才制成的。

孙亮毕竟年纪还小，又是皇帝，想吃的东西便要立刻吃到嘴里。

身边伺候的人无可奈何，只好摘了一个给他，孙亮把梅子塞进嘴里，“呸呸呸……怎么这么酸啊？你们骗我，这根本不是梅子，母亲给我吃的梅子都是甜甜的”。

一个黄门（侍奉皇帝的宦官）鼓起勇气，

对他说：“皇上，梅子直接吃很酸，太后给您吃的是蜜渍梅子，不如现在就去拿一些蜂蜜来，泡一泡，就好吃了。”

孙亮眼睛一亮，挥着手跺着脚说：“快去拿蜜来，现在，立刻，马上。”

黄门一路小跑，去皇宫的仓库取蜂蜜。走到仓库门口，他突然停了下来，眼珠一转，想出一个坏主意。

什么坏主意呢？我们等会儿再说。

黄门取回了蜜，孙亮高兴极了，指挥人摘下一堆梅子，马上就要开始泡。

谁知，蜜罐一打开，却发现黄澄澄的蜂蜜

里漂着几粒黑乎乎的东西，仔细一看，不是老鼠屎又是什么？

这下孙亮气坏了，问取蜂蜜的黄门是怎么回事。

黄门慌忙跪下，说：“蜜罐是直接从仓库中取来的，中途并没有打开过，一定是管理仓库的人没有好好保管蜂蜜，老鼠钻进去偷吃了。”

孙亮马上让人去把藏(cáng)吏，就是管理仓库的官吏叫来，指着老鼠屎让他解释一下。

藏吏吓得扑通一声跪在地上，一边磕头一边说：“皇上明查，蜂蜜一直在仓库里妥善保存，仓库里绝对没有老鼠，而且出库的时候我都仔细检查过，并没有任何脏东西，实在不知道这老鼠屎是哪里来的啊。”

孙亮笑了：“这就奇怪了，这罐蜂蜜只有你们两个人经手，一个说蜂蜜是干净的，一个说根本没打开过罐子，我该相信谁呢？”

这时，两名宫里的官员刁玄、张邠(bīn)建议说：“这两个人说法不一致，不如交给司法机关，仔细审问一下。”

孙亮笑了笑，胸有成竹地说：“不需要这么麻烦，这件事其实很容易搞清楚。”

他叫人取出一粒老鼠屎，用刀从中间切开。大家发现，老鼠屎的外面虽然被蜜泡得黏糊糊、

湿漉漉的，里面却非常干燥。

孙亮说：“看到了吧，如果老鼠屎在蜜罐里泡了许久，早就应该被泡透了，里面也应该是湿的，现在看来，老鼠屎应该是刚刚被丢进去的。”

刁玄、张邠恍(huǎng)然大悟，连连点头。而那个黄门呢，早就被吓得面如土色，瘫软在地。

孙亮又问藏吏：“你是不是得罪过这个黄门，要不然他怎么会做这样的事来陷害你呢？”

藏吏想了想，说道：“确实如此，他曾经问我要过莞(guān)草编成的席子，因为这种席子数量稀少，很珍贵，我不敢私自给他。”

莞草是一种水生植物，质地柔韧，适合用来编织生活物品，很受当时人们的喜爱。据说，长沙马王堆汉代古墓中出土的席子就是莞草编织而成的。

孙亮听了，点头道："那一定就是这个原因了。"

铁证如山，黄门不得不供认了自己的罪行。

小朋友们，现在你们知道这个取蜂蜜的黄门在仓库门外转着眼珠想什么坏主意了吧。

有意思的是，在孙亮的哥哥，也就是孙权的长子孙登身上，也发生过一件类似的事。

有一次，孙登骑马外出，一颗弹丸从身边

飞过，差点伤到孙登。身边侍卫十分紧张，到处寻找射弹丸的人。

古代的弹弓类似小型弓箭，只不过，弓箭射出去的是箭，弹弓射出去的是弹丸。古人喜欢用弹弓来捕猎一些小型动物，比如飞鸟、兔子，等等。在东汉后期和魏晋南北朝时期，弹弓非常流行。一些游手好闲的年轻人喜欢拿着弹弓到处闲逛打鸟，弹丸一般用泥土制成，也有石制、陶制和金属质地的，质地坚硬的弹丸有一定的杀伤力，如果不小心射到人，也会使人受伤。

很快，侍卫们就在不远处找到一个人，手

里握着弹弓，身上还有一袋弹丸。侍卫们马上将这个人抓起来，带到孙登面前。

孙登问他："为什么要用弹丸射我？"那人道："我只是带着弹弓出来玩，并没有发射。"

侍卫不信，正要将这人打一顿来让他招认。孙登阻止了，让侍卫去旁边的草丛里找到刚才从他身边飞过的弹丸。

侍卫们一通翻找，果然找到了一颗弹丸，孙登把这个弹丸和那人袋子里的弹丸一比较，发现果然是不一样的，就把那个人放走了。

儿子们都如此明察秋毫，想来孙权也算教子有方了。

思考一下

小朋友，请你做一个小实验，用干的枸杞或黄豆代替老鼠屎，泡在蜜罐里，观察一下内核的变化吧。

学点古文

孙亮字子明，权少子也。权春秋高，而亮最少，故尤留意。

——《三国志 · 吴书》

古文今译

孙亮的字是子明，他是孙权的小儿子。孙权年纪大了，而孙亮是他最小的孩子，因此特别注意他。

法制课堂

用证据说话

证据是能够证明某事物真实性的有关事实或材料。包括物证，书证，证人证言，被害人陈述，犯罪嫌疑人、被告人供述和辩解，等等。

故事中的老鼠屎和弹丸都属于证据中的物证。

证据问题是诉讼的核心问题，在任何一起案件的审判过程中，都需要通过证据和证据形成的证据链再现或还原事件的本来面目，依据充足的证据而作出的裁判才有可能是公正的裁判。

根据《中华人民共和国刑事诉讼法》的规定，对一切案件的判处都要重证据，重调查研究，不轻信口供。证据必须经过查证属实，才能作为定案的根据。以非法方式收集的证据应当予以排除。

成语积累

雄才大略 略：谋略。杰出的才能和远大的谋略。

优柔寡断 优柔：犹豫不决；寡：少。形容办事犹豫不决，不果断。

胸有成竹 画竹子前心中已有竹子的形象。比喻做事之前心中已有充分的考虑。

面如土色 脸的颜色像泥土的颜色一样。形容极端惊恐或气急的样子。

铁证如山 铁证：比喻像铁一样确凿的证据。形容证据确凿，像山一样不能动摇。

肆

肆

陶母教子

趣读故事

春秋战国的时候，有一位母亲，短时间内搬了三次家，就为给孩子创造一个好的学习环境。孩子不认真读书，中途逃学回家，她就将自己织了一半的布匹剪断，以此来教育孩子，荒废学业就像剪断自己辛苦编织的布一样，是自毁前程的行为。

她的孩子深受教育，发奋苦读，后来成为一代圣贤。

这个故事是不是很熟悉呢？对了，这就是孟母三迁的故事，她的孩子就是著名的孟子。

母亲是孩子人生的第一位老师，在每一位成功人士的背后，往往都有一位伟大的母亲。今天这个故事的主人公，正是这样一位母亲。

东晋的时候，有一个人名叫陶侃（kǎn）。他祖上曾做过官，但到了他这一代，家境已经衰落了。陶侃幼年的时候，父亲就去世了，他与母亲相依为命，生活在新淦（gàn）县（今江西省吉安市新干县）。

陶侃的母亲姓湛(zhàn)，是一位非常坚强能干的女性。她纺纱织布，含辛茹(rú)苦地维持着家庭的生计。

陶母很有见识，认为只有读书才能改变命运。于是，她从微薄的收入中挤出一部分，让陶侃去上学。

但陶侃毕竟年纪还小，十分淘气，不认真读书。一天，他等不及下课，就跑回家和邻居家的小朋友玩去了。

陶母正在织布，听到声音，便将陶侃叫进来，问他："今天学堂里教了什么文章？"陶侃说："教了《惜光阴》。"

“那你背给娘听听。”

小陶侃滔滔不绝地背诵起来，当背到“光阴似箭、日月如梭”时，陶母问儿子：“日月如梭是什么意思啊？”

小陶侃挠挠头：“这个，先生还没教啊！”

陶母举起自己手中的梭子，对儿子说：“你看着。”她快速地织起布来，梭子在织布机上飞快地穿来穿去。

然后，她停下来说：“日月如梭的意思，就是太阳和月亮来来去去，时间流逝得就像这梭子一样快。娘每天织布，如果不够快，我们就没有足够的钱吃饭生活，你如果不抓紧时间用

心读书，学不到足够的知识，长大了自然没有什么出息。”

陶侃听了，懂事地点点头：“娘，我知道了，我这就回去读书。”

从此，陶侃谨记母亲的教诲，加倍用功读书，很快便脱颖而出，成了远近闻名的才子。

名气大了以后，有不少人想要认识陶侃，和他交朋友。

陶母对他说：“交朋友要有所选择。人品好、有才学的人值得深交。如果有这样的朋友，你一定要用真诚的心来对待。”陶侃觉得母亲说得很对。渐渐地，陶侃交往了一些志同道合的好朋友。

有一天，陶侃的一个朋友范逵(kuí)路过新淦县，便来拜访陶侃。可当时正值冬天，外面天寒地冻。家里什么吃的都没有，不仅没有招待范逵的食物，连给马吃的草料都没有。这可怎么办呢？陶侃十分尴尬，手足无措。

陶母见状，对他说：“没事，你好好招呼朋友，这些事情我来解决。”

她转身回到卧室，揭开床单，把下面垫着的稻草席抽了出来。古代的穷人用不起棉花做的被褥，只能把稻草晒干了，铺在床板上，让床更加温暖舒适。没有了稻草席，他们以后就只能睡在硬邦邦的木头床板上了。

陶母把稻草席切碎了，喂饱了范逵的马。

走进厨房，锅里空荡荡的，怎么办呢？陶母摸了摸自己的一头秀发，狠了狠心，拿起剪刀咔嚓一下子剪断了自己的长发，拿到邻居家卖了，拿到钱，马上到市场上买了些酒菜。

在曹操割发代首的故事里，我们知道，头发对于古人来说，十分珍贵。陶母为了招待儿子的朋友，真是倾其所有。

有了这些东西，范逵得到热情而又丰盛的招待。后来，范逵知道了事情的真相，感动不已，说道：“有这样的母亲，孩子怎么会差呢？”

于是，范逵向官府举荐了陶侃。

在东晋，还没有我们所熟悉的科举制度，选拔官员的主要途径不是考试，而是“举孝廉”，就是依靠当地的官员或者有声望的人来推选举荐，推荐的主要标准就是人品和才学。

陶侃被举荐以后，要到外地去做官。临行前，母亲把他叫到身前，把一个小包袱递给他，让他带上。

陶侃打开包袱一看，只见里面包着一抔(póu)土、一只土碗和一块白色的土布。

陶侃愣住了，不明白这是什么意思。

母亲对他说：“这一抔土，是家乡的土，希

望你不要忘记家乡故土；这只土碗，是我们一直用的，希望你艰苦朴素，不要贪图富贵；这块白布，是希望你能牢记要清清白白做人、干干净净为官。”

陶侃含着热泪，向母亲深深鞠了一躬说：“娘，我记住了。”

陶侃做官以后，谨记母亲的教诲，工作勤勤恳恳，很快得到升迁。后来，陶侃到浔(xún)阳（今江西省九江市浔阳区）做县吏，负责监管渔业。

浔阳在鄱(pó)阳湖边上，是著名的鱼米之乡。丰收时节，各种鱼货堆满了仓库。陶侃做官久

了，有些飘飘然，见到仓库里堆积如山的食物，想到家中省吃俭用的母亲，不由得心疼起来，便拿了一坛咸鱼干，托人带回了家。

陶母收到咸鱼干，本来很高兴，但当她问清楚来历，不由得皱起眉头，对来人说：“请您稍等一下。”

她转身回了房间，拿来笔墨，在一张纸条上写下一个大大的“封”字，然后将纸条贴在坛口。又提笔写了一封信：“你在外做官，用公家的东西来送我，非但不能让我高兴，反而让我很是忧愁。”

陶母将信和封好的坛子都交给来人，请他

带回去给陶侃。

陶侃收到信，羞愧不已，马上将咸鱼干退了回去，再也不敢拿公家的一针一线。

在母亲的谆（zhūn）谆教诲之下，陶侃越发廉洁自律，名气越来越大，成为东晋的一代名臣。

陶母也和孟子的母亲、欧阳修的母亲、岳飞的母亲一起，被称为中国古代“四大贤母”。

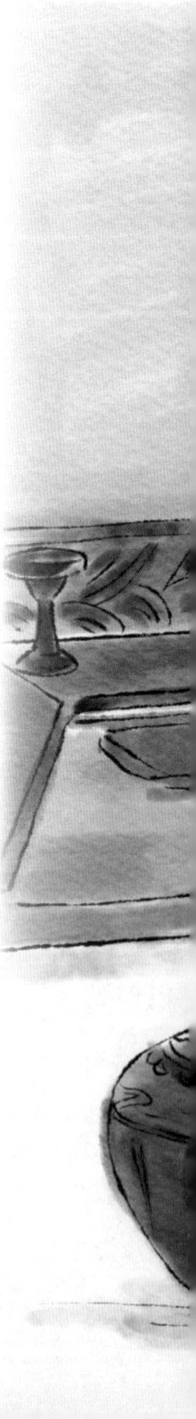

封

思考一下

小朋友，陶母用“日月如梭”来教育小陶侃珍惜时间，你还知道什么关于珍惜光阴的典故吗？

学点古文

鄱阳孝廉范逵尝过侃，时仓卒无以待宾，其母乃截发得双髲(jì)，以易酒肴，乐饮极欢。

——《晋书 · 陶侃传》

古文今译

鄱阳的孝廉范逵曾经路过陶侃家，时间仓促，家里没有东西款待客人，陶侃的母亲于是剪了头发，拿去换了酒菜，宾主开怀畅饮，非常快乐。

法制课堂

什么是家庭教育？

家庭是孩子的第一所学校，家长是孩子的第一任老师。家庭的教育往往铸就了一个人最基本的品格。

2022 年 1 月 1 日起，《中华人民共和国家庭教育促进法》正式施行，这是中国首部家庭教育领域的专门立法。

法律规定，父母或者其他监护人应当承担对未成年人实施家庭教育的主体责任，营造良好家风，用正确思想、方法和行为教育未成年人养成良好思想、品行和习惯。

另外，根据《关于开展家庭教育指导工作的意见》，对于失职的监护人，法院有权发出家庭教育指导令进行督促。

成语积累

含辛茹苦 辛：辛劳，劳苦；茹：吃。忍受种种辛苦。

滔滔不绝 绝：完结。形容话很多，连续不断。

日月如梭 梭：织布时牵引纬线与经线交织的工具。太阳和月亮如同穿梭似地来去。形容时间过得很快。

脱颖而出 颖：尖儿。锥子的整个尖部透过布囊显露出来。比喻人的才能全部显示出来。

志同道合 志：志向；道：途径，道理。志向相合，途径或从事的事业相同。形容彼此志趣一致。

伍

伍

邵广偷布

趣读故事

东晋时期，有一个名叫邵广的人，是负责看管皇家宫殿所用布匹的小官吏，却监守自盗，偷了三张布幔(màn)。布幔就是用布做成的巨大的帷幕，可以围成一圈起到遮挡的作用。

当时的法律对盗窃罪的处罚非常严厉，

邵广偷的三张布幔按价值来算的话等同于三十匹布，在当时，这可是一大笔钱。

因此，判案的官员就依法判处邵广死刑。

本来这个案子没有什么争议。但邵广有两个儿子：一个名叫邵宗，十三岁；一个名叫邵云，十一岁。

这两个孩子非常爱他们的父亲，就去敲了登闻鼓。

登闻鼓，是摆放在官府公堂外面的大鼓，据说是西晋开国皇帝司马炎设立的。百姓如果有冤情，或者有很紧急的案子要上告，就可以去敲登闻鼓。百姓敲了登闻鼓，官府就必须受理案件。

这就是“击鼓鸣冤”的由来。

两个孩子敲了登闻鼓，官府不能置之不理，便问他们想要做什么？

两个孩子哭着说："父亲犯了罪，应当接受惩罚，但我们受父亲的养育之恩，不忍心看见父亲死去，求官府开恩，免去父亲的死罪。我们愿意成为官府的奴隶，代替父亲受罚。"

我们都知道，在古代社会，孝道是最重要的一种品德。这两个孩子的行为引发了围观百姓的议论。

"真是孝子啊，能养出这样的孩子，父亲应该不是坏人。""孝心难得，还是成全他们，网开一面吧。""孩子们可怜，怎么能让这么孝顺的孩子没了父亲呢？”“两个儿子都成了奴隶，这样的惩罚也够了，应该留他一条命啊！”……

负责此案的官员见这种情况，感到十分为难，便去找其他官员商量。

大多数官员都觉得，两个孩子孝心感人，应该对他们的父亲宽大处理。

但有一名叫朱映的官员，不认同这些看法。他说：“如果邵广的孩子来求情，官府准了，那以后其他罪犯的孩子都来求情，又凭什么不准呢？这样一来，法律岂不是形同虚设？”

大家觉得他说得也很有道理，一时间都沉默了。

这时，另一位官员说：“都这样做自然是不行的，但这两个孩子确实孝心可嘉，不如就只对这个案子特殊处理，将邵广的死刑改成关押五年，把他两个儿子没(mò)入官府做奴隶。再发布一项规定，不允许以后的人效仿他们的行为。”

大家觉得，他的话似乎也有道理。那到底该怎么办呢？

解决不了的问题，自然只能层层上报了。这个案子报到了当时的最高司法长官、尚书右丞范坚那里。

范坚仔细听了案情的汇报，明确表示赞成朱映的意见。

他说：“为什么会产生法律，是因为这世界上不全是好人。用刑罚来惩罚犯罪的人，就是为了威慑其他人不要去犯罪，是为了以后不再动用刑罚。虽然我们也会赦免罪犯，但都是在有制度可以遵循的情况下。绝不能因为一点恻隐之心就轻易地改变法律，如果这样的话，谁还会遵守法律呢？”

有官员说：“话虽然是这么说，但那两个年幼的孩子在官府门外日夜哭泣，实在看着于心不忍。”

范坚又说：“天下谁没有孩子？如果开了这个先例，以后再有人犯罪，他的孩子要不要像邵宗、邵云这样来求情，替父亲赎罪呢？如果都来，那不就都成了父亲犯罪孩子受罚？法律就没有存在的必要了。如果不来，便是不孝顺、不敬爱自己的父亲，岂不是禽兽不如？”

有官员说道：“只对这个案子特殊处理，下不为例不就行了？”

范坚反驳道：“国家官员的一举一动，都要谨慎小心，何况是制定与执行法律制度这样的大事，怎么能随意变动？今天因为同情邵宗和邵云就特殊处理，明天其他的百姓来求情，又怎能不答应他们呢？难道他们不是百姓吗？难道他们不如邵宗和邵云爱父亲吗？你们这样做我看不到有什么好处，反而以后会招来无数的怨恨纷争。”

大家听了范坚的话，明白了这其中的利害得失。

最终，邵广还是被执行了死刑。

什么是好的法律？谁掌握解释法律的权力？法律应该怎么用？每一个具体的案件应该如何处理？这些问题在历史上一直存在争议。

如西晋时期的法律学者——张斐和刘颂曾就此问题展开激烈的辩论。

在“春秋决狱”的故事中，我们讲到了汉朝董仲舒用儒家经典，主要是孔子的一些学说

来解释法律，从而判案定罪。张斐继承和发展了董仲舒的思想，认为法律条文是死的，而案件是活的，官员在审理每一个具体案件的时候，要做到全面收集各项证据，审查犯人的形态表情，了解犯罪背后的种种原因，揣摩犯人的内心想法和动机。然后，根据法律的原则性规定，结合儒家的礼法和百姓朴素的道德观作出情理法相结合的判决，并且根据具体情况确定刑罚的轻重。

这种理论听上去简单，其实对司法官员的要求极高。因为官员们有了很大的自由处置案件的权力，他们必须具备丰富的法律专业知识、认真负责的工作态度、善良正直的个人品格，才可能对案件作出准确判决。但在那个年代，官员们的法律知识储备和个人素质良莠(yǒu)不齐，很难按照张斐的要求尽善尽美地处理每一个案件，反而容易将他的理论当成徇(xùn)私枉法的借口。

刘颂旗帜鲜明地反对张斐的理论。他认为，国家在制定法律时应当尽可能地完善，只有皇帝和天下人都认同的道理，才能被制定为法律。但法律是有局限性的，如果在每一个具体的案件中都追求法律和道德上的尽善尽美，甚至不惜突破法律规定的话，虽然眼下解决了一件小案子，长期来看却会对法律造成破坏，官员们有了随意解释法律的权力，法律就形同虚设了。

刘颂认为，法律条文如果不合适，可以更改，但是只要法律条文有明确的规定，就一定要严格执行。只有这样，才能避免法律被践踏。

在邵广偷布案中，范坚显然更多地受到了刘颂的影响。

对于张斐和刘颂的两种不同观点，我们很难以简单的对错去区分，虽然对于法律如何适用的问题，两人有着截然不同的立场，但殊途同归，他俩都是希望用法律来治理国家，实现长久的公平和正义。

有争论并不可怕，正是历史上一次又一次深度的思考和理性的辩论，一步一步地推动了法律制度的完善和人类社会的发展。这一次又一次的辩论，闪耀着人类智慧的光辉。

思考一下

小朋友，你赞同范坚对邵广偷布案的处理吗？你有更好的处理办法吗？说一说为什么吧。

学点古文

又律法断罪，皆当以法律令正文，若无正文，依附名例断之，其正文名例所不及，皆勿论。

——《晋书·刑法志》

古文今译

量刑定罪应当依据法、律、令的正文；如果正文没有规定，则按照后面所附的名例判处；如果正文、名例都没有规定，则不认为是犯罪。

法制课堂

罪刑法定和罪责自负

罪刑法定原则，是指法律明文规定为犯罪行为的，依照法律定罪处罚；法律没有规定为犯罪行为的，不得定罪处罚。

刘颂援法断罪的主张与现代“法无明文规定不为罪”的原则基本一致。有学者认为，刘颂在中国封建社会的历史上第一次提出了“罪刑法定”原则。

除罪刑法定原则外，我国刑法明文规定的基本原则还有刑法适用平等原则和罪责刑相适应原则。

此外，虽无明文规定，但罪责自负原则也是现代刑法的一项基本原则，罪责自负是指一个人只能对自己的行为负责，犯罪者自己承担刑事责任，而不能株连他人。

成语积累

监守自盗 监守：监管；盗：偷盗。盗窃自己所经管的财物。

置之不理 之：代词，它；理：理睬。放在一边，不予理睬。形容对某人某事十分冷淡。

形同虚设 形式上虽有，却不起作用，如同没有一样。

恻隐之心 看到别人遭受苦难而产生的怜悯同情的心情。

良莠不齐 莠：一种类似谷子的野草。好苗和野草混杂不齐。比喻好的和坏的混杂在一起，不整齐。

陆

傅琰断案

勤清
傅琰

趣读故事

魏晋南北朝的南朝时期，有一位官员名叫傅琰(yǎn)，宁夏人，出身世家，祖父和父亲都是颇有声名的官员。

傅琰十分孝顺，母亲去世的时候，他日夜守在灵堂哭泣。一天，邻居家突然失火了，火势蔓延到傅家，傅琰担心母亲灵柩（jiù）受损，守在那里一动也不动。邻居们发现了，赶紧来解救，众人齐心协力，将灵柩搬了出来，傅琰这才跟着大家一起出来。大家一看，他的大腿都烧伤了。

服丧期满后，傅琰接受朝廷的任命，成为一名官员，被后世评价为“循（xún）吏”。

相比史书上所称的酷吏（执法严苛、滥用刑罚的官吏）、污吏（贪污受贿、胡作非为的官吏）和廉吏（清廉正直、两袖清风的官吏），循吏是指正直守法、治理有方的官吏。能够被评价为循吏的官员通常品德高尚且能力出众，不仅能够很好地审理案件，也能教化一方，引领当地经济进步，百姓安居乐业。

当时，山阴县（今浙江省绍兴市）经济发达、人口众多。但随之而来的是百姓之间纷争不断，动不动就打官司，没人愿意去那里当官。

皇帝让傅琰担任山阴县县令，希望用他的聪明才智将这里好好治理一番。

傅琰接到任命，很快走马上任。

到山阴县的第一天早上，天刚蒙蒙亮，傅琰就听到公堂外面的登闻鼓被敲得咚咚响。

傅琰马上下令开堂问案。

进来的是两个老妇人，手里各攥(zuàn)着一团丝线的一头，拉拉扯扯地走上公堂。

“你们是什么人？为了什么事争吵？”傅琰问道。

“大人，她偷了我的线。”两个老妇人异口同声地喊道。

“等等，你先来说。”傅琰指了指右边的老妇人。

右边的老妇人得意地瞥(piē)了左边的老妇人一眼，恭恭敬敬地说道：“大人，我是个卖糖的，今天早上我出摊的时候，带了一团丝线，想着一边卖糖一边做点手工活。早上生意不错，我一直忙着卖糖，终于有空休息的时候，发现我放在摊子旁边的丝线不见了。我到处找，结果在旁边的摊子后面发现了我的丝线，请大人明察，一定是她偷了我的线。”

“现在该你说了。”傅琰指了指左边的老妇人。

这位老妇人粗声大嗓，着急地说：“大人啊大人，我丈夫是个铁匠，打了些针，我就拿到市场上来卖。这丝线本来是让人试着穿针用的。我早上刚摆起摊子，忙着招呼客人，她来偷我的线，被我抓到了还不承认，大人可要为我做主啊！”

傅琰微微一笑：“这个好办，问问这团丝线谁是它的主人，不就行了？”

山阴县的人都知道今天是新县令上任后第一次开堂，纷纷跑来围观，公堂外面聚满了人。听了傅琰的话，大家都嘀咕开了，一团丝线又没长嘴，县令怎么能让它开口呢？

“来人呐，把它捆在柱子上，用鞭子狠狠打一顿，看它说不说！”傅琰说道。

衙役们都惊呆了，但县令的话又不敢不从，只好找来一根细绳，将丝线捆在柱子上，拿来鞭子抽打丝线。

围观的人都伸长了脖子瞪大了眼睛，不知道县令这葫芦里卖的是什么药。

足足抽了二十鞭之后，傅琰说：“好了，停

下吧，让我来问问它。”

傅琰慢慢走上前去，仔细查看了一番线团，对线团说道：“怎么样，你说不说呢？”然后装模(mú)作样地弯腰把耳朵附上去听。

围观的人鸦雀无声。只见傅琰直起腰来，笑着说：“它说了，它是卖针的大娘家的。”

“不可能！”卖糖的老妇人立马叫起来，“丝线怎么能说话，大人可不要欺负咱小老百姓。”

围观的人也都七嘴八舌地议论起来。傅琰笑了笑：“别急，看看这个。”

他伸手从地上捏起了一点东西，展示给大家看，是一些黑色的细末。

“这是铁屑，抽打线团之后，混杂在丝线里面的铁屑掉了出来，这足以证明这团丝线是属于铁匠家的。”傅琰解释道。

众人恍然大悟。卖糖的老妇人这时也低下了头，不敢再说话了。

傅琰将丝线还给卖针的老妇人，惩罚了卖糖的老妇人，大家都心服口服。

又过了几天，一胖一瘦的两个老汉一人捉住一只鸡翅膀，一起提着一只鸡吵吵嚷嚷地来到官府。可怜的公鸡毛都快被扯掉了，伸长了脖子“喔喔喔”地直叫。

“你们这是做什么呢？”傅琰问道。

“请大人做主！”胖老汉率先叫道，手指着瘦老汉，“这是我家的鸡，都养了好几年了，今天家里有客人，正准备杀了吃，谁知路过一个不讲道理的人，非说这只鸡是他的。”

瘦老汉急得要蹦起来，冲着胖老汉大声喊道：“你才不讲道理，明明是我家的鸡走丢了，我出来找，找到你家门口，发现被你给抓去，还差点给杀了吃了。”

傅琰想了想，将两个老汉分别叫到不同的屋子，问道：“今天给鸡喂食了吗？喂的是什么？”

胖老汉说："喂的是豆子。"

瘦老汉说："喂的是小米。"

傅琰笑了，心说："这就好办了！"

他马上命人把鸡杀了，剖开肚子一看，里面还有没消化完的小米，一下子便真相大白了。刚刚还大喊大叫的胖老汉低下头，再也不敢说话了。

傅琰把鸡给了瘦老汉，让他回家炖了好好吃一顿。他又惩罚了胖老汉，命令他赔偿一只活鸡给瘦老汉。

山阴县的人都称赞新县令比神仙还厉害，再也没人敢偷东西了。

有趣的是，因为傅琰祖孙三代都是很有名的官员，无论在哪里担任县令都能把当地治理得井井有条。于是就有人传说傅家有一本神秘的《治县谱》，代代相传，绝不外传。

后来有一位名叫孙廉的官员实在好奇，便向傅琰的儿子傅翙(huì)请教，是不是真的有什么当官的秘籍(jí)。傅翙笑着回答道："秘籍只有两个字，勤和清。"

孙廉恍然大悟：是啊，勤恳守责、廉洁公正，事情怎么会做不好呢？

勤清

思考一下

小朋友，对于故事里的两个小案子，请你想一想，还有没有别的办法问清楚？

学点古文

二野父争鸡，琰各问“何以食鸡”。一人云“粟(sù)”，一人云“豆”，乃破鸡得粟，罪言豆者。

——《南齐书·傅琰传》

古文今译

两个乡野村夫争一只鸡，傅琰问：“喂鸡吃什么了。”一人说是“小米”，一人说是“豆子”。剖开鸡肚子得到了小米，于是惩罚了说豆子的人。

法制课堂

用公平正义守护和谐社会

一个案例胜过一沓（dá）文件。好的判例不仅能够做到公平服众，还可以树立正确的价值观，引领社会风气。

傅琰运用智慧，巧妙地解决了百姓之间的小纠纷，达到了惩恶扬善的目的，从而获得了百姓的普遍信赖，从根本上减少了当地的诉讼数量，实现了社会风气的好转。

公平正义的社会环境能让受害者得到救济，违法者受到惩罚，每一个人都能保护自身的合法权益，有尊严地生存和发展，这样的社会才是和谐、稳定、安宁的。

创造公平正义的美好社会，除了完善的法治体系，还需要社会中的每一个人积极参与，敢于拿起法律的武器，维护公平，守护正义。

成语积累

两袖清风 原指迎风潇洒的姿态。后比喻做官非常廉洁。

走马上任 指官员就职。

装模作样 装样子，故作姿态。

七嘴八舌 形容人多嘴杂，讲个不停。

恍然大悟 恍然：猛然清醒的样子；悟：明白。顿时醒悟过来。

◎割发代首

◎军令如山

◎蜜中鼠屎

◎陶母教子

◎邵广偷布

◎傅琰断案